AF369964

Vente du Jeudi 29 Mars 1877

SALLE Nº 5

2 TABLEAUX

ET

18 AQUARELLES

VOYAGE AU MAROC

PAR

Eugène DELACROIX

*Appartenant à M. le Comte de M***ornay*

EXPOSITIONS

PARTICULIÈRE :
Le Mardi 27 Mars 1877

PUBLIQUE :
Le Mercredi 28 Mars 1877

De 1 heure à 5 heures

COMMISSAIRE-PRISEUR
Mᵉ MAURICE DELESTRE
27, rue Drouot

EXPERT
M. FÉRAL, peintre
54, rue du Faubourg Montmartre

CATALOGUE

DE

TABLEAUX

ET

AQUARELLES

PAR

Eugène DELACROIX

*Appartenant à M. le comte de M***ornay*

DONT LA VENTE AURA LIEU

HOTEL DROUOT, SALLE N° 5

Le Jeudi 29 Mars 1877,

A TROIS HEURES

M. MAURICE DELESTRE | M. FÉRAL, Peintre,
COMMISSAIRE-PRISEUR, | EXPERT
27, rue Drouot. | 54, rue du Faubourg-Montmartre.

Chez les uels se trouve le présent Catalogue.

EXPOSITIONS :

PARTICULIÈRE : LE MARDI 27 MARS 1877
PUBLIQUE : LE MERCREDI 28 MARS 1877
de 1 heure à 5 heures.

CONDITIONS DE LA VENTE

Elle sera faite au comptant.

Les acquéreurs payeront *cinq pour cent* en sus des adjudications.

Paris. — Typ. PILLET et DUMOULIN. 5, rue des Grands-Augustins.

Lorsque, vers la fin de 1831, M. le comte de M. fut envoyé en mission au Maroc, il eut la bonne pensée de choisir Eugène Delacroix pour son compagnon de voyage. Delacroix était déjà l'auteur applaudi de la *Barque de Dante*, du *Massacre de Scio*, du *Sardanapale*, mais le jeune maître savait combien il lui restait encore à apprendre et il cherchait un autre idéal. La proposition qui lui était faite correspondait à son rêve secret : il partit joyeux pour une expédition qui devait lui ouvrir un monde nouveau, et dont il était si bien disposé à comprendre l'étrangeté et la splendeur.

Le voyage au Maroc a peut-être été l'événement capital de la vie d'Eugène Delacroix. L'excursion dura six mois à peine; mais pas une journée ne fut perdue et les paysages comme les habitants de cette région, alors presque inexplorée, produisirent sur l'esprit du jeune artiste une impression dont il garda, jusqu'aux dernières heures, les ineffaçables images. On sait, par les notes consignées sur les albums de Delacroix, qu'il était en vue des côtes d'Espagne le 23 janvier 1832, qu'il arrivait à Tanger le 1er mars, qu'il assistait quelques jours après à l'audience de l'empereur Muley Abder-Rahman, qu'il séjourna à Méquinez et qu'à son retour il s'arrêta, au mois de mai, à Cadix et à Séville. Pendant cette excursion féconde, sorte de promenade dans la lumière, il avait pris beaucoup de notes au crayon, il avait dessiné constamment, étudiant à la fois les costumes, les types, les scènes de la vie de famille, les courses folles des cavaliers, la campagne verte ou déjà brûlée par le soleil et surtout ce grand ciel lumineux dont personne n'a célébré, aussi bien que lui, l'intensité et la douceur.

Delacroix a consacré une partie de sa carrière à raconter ce beau voyage ; mais les biographes du maître ont, non sans raison, attaché un intérêt de premier ordre à la série d'aquarelles qu'il peignit, pendant son séjour au Maroc, sous l'impression directe de la nature africaine. Ce sont ces aquarelles que nous mettons en vente. Par la vivacité de la couleur, par la sincérité de l'accent, elles restent le procès-verbal le plus exact et le plus pittoresque des spectacles qui ont charmé les yeux de Delacroix. Elles sont, dans leur fraîcheur délicate, comme la fleur du robuste talent qui devait bientôt produire des fruits si vigoureux. On retrouve, dans ces pages heureuses, le germe et la première pensée des chefs-d'œuvre futurs, les *Convulsionnaires de Tanger*, les *Bouffons arabes*, le *Muley Abd-er-Rahman* et bien d'autres compositions que Delacroix a plus tard refaites et modifiées au gré de son puissant caprice. Mais, sans vouloir diminuer en quoi que ce soit le mérite de ces dernières œuvres, ne peut-on pas dire que les aquarelles peintes par l'artiste en 1832, sous le ciel même du Maroc, alors qu'il avait tous les enthousiasmes de la jeunesse, ont un brillant de coloration, un éclat printanier et des hardiesses de travail qui sont véritablement admirables ? Un peintre qui eût été, s'il l'eût voulu, un de nos premiers critiques, Eugène Fromentin, semble avoir deviné les éclatantes symphonies de ces aquarelles, lorsqu'il a écrit : « Delacroix a imaginé, même pour ses tableaux de plein air, une sorte de jour élyséen, doux, tempéré, égal, que j'appellerai le clair-obscur des campagnes ouvertes. Il a pris à l'Orient les bleus forts de son ciel, ses ombres blêmes, ses demi-teintes molles, et le plus souvent il se plaît dans les demi-clartés froides, la vraie lumière de Véronèse. »

DÉSIGNATION

TABLEAUX

EUGÈNE DELACROIX

1 — *Charles-Quint au couvent de Saint-Just.*

> Il est de grandeur naturelle, vu à mi-corps,
> jouant de l'orgue; un jeune moine debout, à sa
> droite, l'écoute avec recueillement.
>
> Signé et daté 1831.

Toile, haut., 88 cent.; larg., 1 m. 15 cent.

2 — *Intérieur.*

Au centre, un personnage assis dans un fauteuil vêtu d'une robe persane ; à droite, un second personnage assis sur un canapé ; des armes et des tableaux tapissent la pièce.

Signé et daté 1833.

Ce tableau a figuré au Salon de 1833.

Toile, haut., 80 cent.; larg., 65 cent.

AQUARELLES

VOYAGE AU MAROC

3 — *Campement devant la ville d'Alias-sar-el-Kebir sur le champ de bataille où périt l'Infant Don Sébastien de Portugal.*

Haut., 15 cent.; larg.. 23 cent.

4 — *Vue de la ville et de la rade de Tanger.*

Au premier plan, est un capitaine du port.

Haut., 17 cent.; larg., 25 cent.

Goupil

5 — *Une Mauresque avec sa servante au bord d'une rivière.* *1000*

Haut., 16 cent.; larg., 18 cent.

Feral

6 — *Un Maure et une Mauresque sur leur terrasse.* *630*

Haut., 14 cent.; larg., 18 cent.

Feral

7 — *Abraham Ben-Chimol, drogman du Consulat de France.* *480*

Haut., 26 cent.; larg., 18 cent.

8 — *Une négresse esclave venant chercher de l'eau.*

Haut., 23 cent.; larg., 17 cent.

9 — *Amin-Bias, ministre des finances et des affaires étrangères.*

Haut., 23 cent.; larg., 16 cent.

10 — *La femme et la fille d'Abraham Ben-Chimol.*

Haut., 22 cent.; larg., 16 cent.

Hartman   11 — *Une scène de convulsionnaires à Tan-*
ger.

Haut., 20 cent.; larg., 23 cent.

Gaucher   12 — *Danse de nègres dans une rue à Tan-*
ger.

Haut., 23 cent.; larg., 18 cent.

Hartman   13 — *Halte de cavaliers arabes aux envi-*
rons de Tanger.

Haut., 16 cent.; larg., 26 cent.

Gaucher   14 — *Une fantasia ou jeu de la poudre devant la porte d'entrée de la ville de Méquinez.*   1200

Haut., 15 cent ; larg., 27 cent.

Goupil   15 — *Muley-Abd-er-Rhaman, empereur du Maroc.*   1,700

Haut., 26 cent.; larg., 18 cent.

De Sandeval   16 — *Soldats endormis dans un corps de garde.*   820

Haut., 16 cent.; larg., 19 cent.

Feral 17 — *Arabes sur un marché.* 500

Haut., 18 cent.; larg., 12 cent.

Debourdesoulle 18 — *Le caïd Ben-Abou, chef militaire.* 605

Haut., 14 cent.; larg., 21 cent.

19 — *Un Coulouglis et un Arabe assis devant la porte de leur maison.* 855

Debourdesoulle

Haut., 16 cent.; larg., 16 cent.

Gaucher 20 — *Comédiens ambulants.* 1,400

Haut., 24 cent.; larg., 18 cent.

Total 31, 385